WMS-19-006
Solo Alto Saxophone and Piano
MECHA MOTE SERIES

サックスプレイヤーのための新しいソロ楽譜
めちゃモテ・サックス〜アルトサックス〜

クリスマスソング Christmas Song

作曲：清水依与吏　Iyori Shimizu

編曲：萩原 隆、田中和音　Arr. by Takashi Hagihara, Kazune Tanaka

演奏時間：4分10秒

◆曲目解説◆

back numberが2015年11月18日にリリースした14thシングル。クリスマスを題材にしたラブソングで、多くの人の共感を呼んだ大ヒットナンバーです。クリスマスシーズンを彩る定番の楽曲となっています。

◆演奏のポイント◆

　この曲の特徴は、軽快でありながらシーンによっては切なく、また力強くとなかなか表現の難しい要素を持つ曲です。
　全体の要素である「軽快感」をキープしながら演奏することが重要ですが、そのためにも16分音符にかかっているスウィングのリズムをしっかりと表現しましょう。切ない場面ではやさしい音色が必要ですが、音色をソフトにするとつられてリズムが甘くなる傾向があります。ソフトな音色でも、リズム感や躍動感を失わないように工夫して練習してください。また、16分音符単位でスウィングのノリを作ると、倍のテンポで演奏しているような状況になりますので、速さの中でも落ち着いて表現できるだけの余裕も必要になります。規定のテンポで無理に練習せずに、テンポを落として余裕を作るための練習をしっかりとしてください。テンポが遅い中でもノリが作れるようになると、勢いに頼らない演奏ができるようになりますよ。

パート譜は切り離してお使いください。

クリスマスソング
Christmas Song

Iyori Shimizu Arr. by Takashi Hagihara, Kazune Tanaka

パート譜は切り離してお使いください。

◆編曲者・演奏者プロフィール◆

萩原 隆（サックス奏者）

　高校でサックスをはじめ、大学時代にビッグバンド・ジャズオーケストラの部に所属し、ジャズを学ぶ。在学中に山野ビッグバンドジャズコンテストにおいて、優秀ソリスト賞を受賞。

　卒業後、THE JANGOでメジャーデビュー。TVタイアップ、CMタイアップ、TV・ラジオレギュラー番組、ライブツアー活動をおこなう。シングル、アルバムなど、10枚以上のCDをリリース。代表曲は、TV「平成教育委員会」、ラジオ「オールナイトニッポン」のエンディングテーマや、「サークルK」クリスマスCMにも使用され、各地のFMチャートで1位を獲得。

　現在は、出身地の山梨を中心にソロ活動。楽譜シリーズ「めちゃモテ・サックス」からスタートした「めちゃモテ」シリーズの楽曲アレンジを手がける。

田中和音（作曲・ピアニスト）

　1987年8月30日大阪生まれ。

　幼少の頃よりクラシックピアノをはじめ、10歳でジャズピアノに転向。野球、ソフトボールと遊びに没頭した高校時代を経て、大阪芸術大学へ入学。関西を代表するジャズピアニスト、近秀樹氏に師事する。

　2010年、ピアニストとして参加している「あきは・みさき・BAND」が、横浜ジャズプロムナード、金沢ジャズストリートのコンペティションにおいて、グランプリをダブル受賞。

ご注文について

ウィンズスコアの商品は全国の楽器店、ならびに書店にてお求めになれますが、店頭でのご購入が困難な場合、当社WEBサイト・電話からのご注文で、直接ご購入が可能です。

◎当社WEBサイトでのご注文方法

winds-score.com

上記のURLへアクセスし、オンラインショップにてご注文ください。

◎お電話でのご注文方法

TEL.0120-713-771

営業時間内に電話いただければ、電話にてご注文を承ります。

※この出版物の全部または一部を権利者に無断で複製（コピー）することは、著作権の侵害にあたり、著作権法により罰せられます。

※造本には十分注意しておりますが、万一、落丁・乱丁などの不良品がありましたらお取り替えいたします。また、ご意見・ご感想もホームページより受け付けておりますので、お気軽にお問い合わせください。